Gottfried Berron

Josef von Eichendorff

Erlesenes

SKV-Edition · 7630 Lahr

CIP-Kurztitelaufnahme der Deutschen Bibliothek:

Eichendorff, Joseph von:
Erlesenes / Joseph von Eichendorff. Gottfried Berron. – Lahr: SKV-Edition, 1985.
(Goldene Großdruckreihe; Nr. 701)
ISBN 3-87729-069-8
NE: Berron, Gottfried [Hrsg.]; Eichendorff, Joseph von: [Sammlung]; GT
ISBN 3 87729 069 8

Goldene Großdruckreihe Nr. 92701
Umschlagbild: H. Sala
Innenbilder: M. Große und Archiv

Gesamtherstellung:
St.-Johannis-Druckerei C. Schweickhardt, 7630 Lahr
Printed in Germany 748/1985

Schläft ein Lied in allen Dingen,
die da träumen fort und fort,
und die Welt hebt an zu singen,
triffst du nur das Zauberwort.

Aus dem Leben eines Taugenichts

Das Rad an meines Vaters Mühle brauste und rauschte schon wieder recht lustig, der Schnee tröpfelte emsig vom Dache, die Sperlinge zwitscherten und tummelten sich dazwischen; ich saß auf der Türschwelle und wischte mir den Schlaf aus den Augen; mir war so recht wohl in dem warmen Sonnenscheine. Da trat der Vater aus dem Hause; er hatte schon seit Tagesanbruch in der Mühle rumort und die Schlafmütze schief auf dem Kopfe, der sagte zu mir: Du Taugenichts! da sonnst du dich schon wieder und dehnst und reckst dir die Knochen müde und läßt mich alle Arbeit allein tun. Ich kann dich hier nicht länger füttern. Der Frühling ist vor der Tür, geh auch einmal hinaus in die Welt und erwirb dir selber dein Brot. – Nun, sagte ich, wenn ich ein Taugenichts bin, so ist's gut, so will ich in die Welt gehn und mein Glück machen. Und eigentlich war mir das recht lieb, denn es war mir kurz vorher selbst eingefallen, auf Reisen zu gehn, da ich die Goldammer, welche im Herbst und Winter immer betrübt an unserm Fenster sang: Bauer, miet mich, Bauer, miet mich! nun in der schönen Frühlingszeit wieder ganz stolz und lustig vom Baume rufen hörte: Bauer, behalt deinen Dienst! – Ich ging also in das Haus hinein und holte meine Geige, die ich recht artig spielte, von der Wand, mein Vater gab mir noch einige Groschen Geld mit auf den Weg, und so schlenderte ich durch das lange Dorf hinaus. Ich hatte recht meine heimliche Freude, als ich da alle meine alten Bekannten und Kameraden rechts und links, wie gestern und vorgestern und immerdar, zur Arbeit hinausziehen, graben und pflügen sah, während ich so in die freie Welt hinausstrich. Ich rief den armen Leuten nach allen Seiten recht stolz und zufrieden Adjes zu, aber es kümmerte sich eben keiner sehr darum. Mir war es wie ein ewiger Sonntag im Gemüte. Und als ich endlich ins freie Feld hinauskam, da nahm ich meine liebe Geige vor und spielte und sang, auf der Landstraße fortgehend:

Wem Gott will rechte Gunst erweisen,
den schickt er in die weite Welt,
dem will er seine Wunder weisen
in Berg und Wald und Strom und Feld.

Die Trägen, die zu Hause liegen,
erquicket nicht das Morgenrot,
sie wissen nur vom Kinderwiegen,
von Sorgen, Last und Not um Brot.

Die Bächlein von den Bergen springen,
die Lerchen schwirren hoch vor Lust,
was sollt ich nicht mit ihnen singen
aus voller Kehl und frischer Brust?

Den lieben Gott laß ich nur walten;
der Bächlein, Lerchen, Wald und Feld
und Erd und Himmel will erhalten,
hat auch mein Sach aufs best bestellt!

Es kann ein Mensch lange Zeit in den besten Grundsätzen wie ein Schneemann eingefroren sitzen, aber die lustigen Frühlingsbäche unterwaschen schon heimlich plaudernd und neckend den Sitz unter ihm – ein Laut, der leise Flug eines Vogels: und er stürzt kopfüber und verschüttet alle guten Vorsätze wieder.

Ein herrlich Ding ist's um die Einsamkeit auf hohen Bergen; das Buch des Lebens versteht doch nur, wer um Gottes willen lernt und nicht um der Welt Gunst.

Wenn wir von einer inneren Freudigkeit erfüllt sind, welche, wie die Morgensonne, die Welt überscheint und alle Begebenheiten, Verhältnisse und Kreaturen zur eigentümlichen Bedeutung erhebt, so ist dieses freudige Licht vielmehr die wahre göttliche Gnade, in der allein alle Tugenden und großen Gedanken gedeihen, und die Welt ist wirklich so bedeutsam, jung und schön, wie sie unser Gemüt in sich selber anschaut. Der Mißmut aber, die träge Niedergeschlagenheit und alle diese Entzauberungen, das ist die wahre Einbildung, die wir durch Gebet und Mut zu überwinden trachten sollen, denn diese verdirbt die ursprüngliche Schönheit der Welt.

Morgengebet

O wunderbares, tiefes Schweigen,
wie einsam ist's noch auf der Welt!
Die Wälder nur sich leise neigen,
als ging der Herr durchs stille Feld.

Ich fühl mich recht wie neu geschaffen,
wo ist die Sorge nun und Not?
Was mich noch gestern wollt erschlaffen,
ich schäm mich des im Morgenrot.

Die Welt mit ihrem Gram und Glücke
will ich, ein Pilger, frohbereit
betreten nur wie eine Brücke
zu dir, Herr, übern Strom der Zeit.

Und buhlt mein Lied, auf Weltgunst lauernd,
um schnöden Sold der Eitelkeit:
Zerschlag mein Saitenspiel, und schauernd
schweig ich vor dir in Ewigkeit.

Walt Gott!

Gestern stürmt's noch, und am Morgen
blühet schon das ganze Land –
will auch nicht für morgen sorgen,
alles steht in Gottes Hand.

Putz dich nur in Gold und Seiden:
In dem Felde über Nacht
Engel Gotts die Lilien kleiden,
schöner als du's je gedacht.

Sonn dich auf des Lebens Gipfeln:
Über deinem stolzen Haus
singt der Vogel in den Wipfeln,
schwingt sich über dich hinaus!

Vögel nicht noch Blumen sorgen,
hat doch jedes sein Gewand –
wie so fröhlich rauscht der Morgen!
Alles steht in Gottes Hand.

Halle und Heidelberg

Die damaligen Universitäten hatten noch ein durchaus fremdes Aussehen, als lägen sie außer der Welt. Man konnte kaum etwas Malerischeres sehen als diese phantastischen Studententrachten, ihre sangreichen Wanderzüge in der Umgebung, die nächtlichen Ständchen unter den Fenstern imaginärer Liebchen; dazu das beständige Klirren von Sporen und Rapieren auf allen Straßen, die schönen jugendlichen Gestalten zu Roß. Alles dies aber kam erst zu rechter Blüte und Bedeutsamkeit, wo die Natur, die ewig jung, auch am getreuesten zu der Jugend hält, selber mitdichtend studieren half. Wo, wie z. B. in Heidelberg, der Waldhauch von den Bergen erfrischend durch die Straßen ging und nachts die Brunnen auf den stillen Plätzen rauschten und in dem Blütenmeer der Gärten rings die Nachtigallen schlugen, mitten zwischen Burgen und Erinnerungen einer großen Vergangenheit – da atmete auch der Student freier auf und schämte vor der ernsten Sagenwelt sich der kleinlichen Brotjägerei und der kindischen Brutalität. Wie großartig im Vergleich mit anderen Studentengelagen war namentlich der Heidelberger Kommers, hoch über der Stadt auf der Altane des halbverfallenen Burgschlosses, wenn rings die Täler abendlich versanken und von dem Schlosse nun der Widerschein der Fackeln die Stadt, den Neckar und die drauf hingleitenden Nachen beleuchtete, die freudigen Burschenlieder dann wie ein Frühlingsgruß durch die träumerische Stille hinzogen und Wald und Neckar wunderbar mitsangen.

Heidelberg ist selbst eine prächtige Romantik. Da umschlingt der Frühling Haus und Hof und alles Gewöhnliche mit Reben und Blumen und erzählen Burgen und Wälder ein wunderbares Märchen der Vorzeit, als gäbe es nichts Gemeines auf der Welt. Solch gewaltige Szenerie konnte zu allen Zeiten nicht verfehlen, die Stimmung der Jugend zu erhöhen. Die Studenten tranken leichten Wein anstatt des schweren Bieres und waren fröhlicher und gesitteter zugleich als in Halle.

Sehnsucht

Es schienen so golden die Sterne,
am Fenster ich einsam stand
und hörte aus weiter Ferne
ein Posthorn im stillen Land.
Das Herz mir im Leib entbrennte,
da hab ich mir heimlich gedacht:
Ach, wer da mitreisen könnte
in der prächtigen Sommernacht!

Zwei junge Gesellen gingen
vorüber am Bergeshang,
ich hörte im Wandern sie singen
die stille Gegend entlang:
von schwindelnden Felsenschlüften,
wo die Wälder rauschen so sacht,
von Quellen, die von den Klüften
sich stürzen in Waldesnacht.

Sie sangen von Marmorbildern,
von Gärten, die überm Gestein
in dämmernden Lauben verwildern,
Palästen im Mondenschein,
wo die Mädchen am Fenster lauschen,
wenn der Lauten Klang erwacht,
und die Brunnen verschlafen rauschen
in der prächtigen Sommernacht.

Der Abend

Schweigt der Menschen laute Lust,
rauscht die Erde wie in Träumen
wunderbar mit allen Bäumen,
was dem Herzen kaum bewußt,
alte Zeiten, linde Trauer,
und es schweifen leise Schauer
wetterleuchtend durch die Brust.

Mondnacht

Es war, als hätt der Himmel
die Erde still geküßt,
daß sie im Blütenschimmer
von ihm nun träumen müßt.

Die Luft ging durch die Felder,
die Ähren wogten sacht,
es rauschten leis die Wälder,
so sternklar war die Nacht.

Und meine Seele spannte
weit ihre Flügel aus,
flog durch die stillen Lande,
als flöge sie nach Haus.

Was ist denn eigentlich die Jugend? Doch im Grunde nichts anderes als das gesunde und noch ungeknickte, vom kleinlichen Treiben der Welt noch unberührte Gefühl der ursprünglichen Freiheit und der Unendlichkeit der Lebensaufgabe. Daher ist die Jugend jederzeit fähiger zu entscheidenden Entschlüssen und Aufopferungen und steht in der Tat dem Himmel näher als das müde und abgenutzte Alter, daher legt sie gern den ungeheuersten Maßstab großer Gedanken und Taten an ihre Zukunft. Ganz recht: denn die geschäftige Welt wird schon dafür sorgen, daß die Bäume nicht in den Himmel wachsen, und ihnen die kleine Krämer-Elle aufdrängen. Die Jugend ist die Poesie des Lebens.

Jungen Eheleuten kommt am Hochzeitsmorgen die Welt wie verwandelt vor, als wäre über Nacht alles schöner und jünger geworden, denn die Erde putzt und spiegelt sich gern in fröhlichen Augen.

Was ist Poesie?

Was ist denn überhaupt Poesie? Doch gewiß nicht bloße Schilderung oder Nachahmung der Gegenwart und Wirklichkeit. Ein solches Übermalen der Natur verwischt vielmehr ihre geheimnisvollen Züge, gleichwie ja auch ein Landschaftsbild nur dadurch zum Kunstwerke wird, daß es die Hieroglyphenschrift, gleichsam das Lied ohne Worte, und den Geisterblick fühlbar macht, womit die verborgene Schönheit jeder bestimmten Gegend zu uns reden möchte. Auch die noch so getreue Darstellung der Vergangenheit gibt an sich noch keine Poesie, wenn der historische Stoff nicht durch überirdische Schlaglichter belebt und gewissermaßen erst wunderbar gemacht wird; und jedenfalls wird sie stets an Genialität der wirklichen Geschichte weit nachstehen müssen, die der göttliche Meister nach ganz anderen, ungeheueren Dimensionen und Grundrissen dichtet, wofür wir hienieden keinen Maßstab haben. Aber ebensowenig darf die Poesie anderseits eine unmittelbare Darstellung der übersinnlichen Welt unternehmen wollen; denn diese entzieht sich, wie der Abgrund des gestirnten Himmels in unbestimmte Lichtnebel zerfließend, in ihrer unermeßlichen Ferne und Höhe beständig der Kunst und ihren irdischen Organen, wie denn an dieser Aufgabe auch wirklich die größten Dichter gescheitert sind.

Die Poesie ist demnach vielmehr nur die indirekte, d. h. sinnliche Darstellung des Ewigen und immer und überall Bedeutenden, welches auch jederzeit das Schöne ist, das verhüllt das Irdische durchschimmert. Dieses Ewige, Bedeutende ist aber eben die Religion, und das künstlerische Organ dafür das in der Menschenbrust unverwüstliche religiöse Gefühl.

Auch das hat die Poesie mit der Religion gemein, daß sie wie diese den ganzen Menschen, Gefühl, Phantasie und Verstand gleichmäßig in Anspruch nimmt.

Märchen

Es war einmal ein Ritter, der lebte tief im Walde auf seiner alten Burg in geistlichen Betrachtungen und strengen Bußübungen. Kein Fremder besuchte den frommen Ritter, alle Wege zu seiner Burg waren lange mit hohem Grase überwachsen, und nur das Glöcklein, das er bei seinen Gebeten von Zeit zu Zeit zog, unterbrach die Stille und klang in hellen Nächten weit über die Wälder weg. Der Ritter hatte ein junges Töchterlein, die machte ihm viel Kummer, denn sie war ganz anderer Sinnesart als ihr Vater, und all ihr Trachten ging nur auf weltliche Dinge. Wenn sie abends am Spinnrocken saß und er ihr aus seinen alten Büchern die wunderbaren Geschichten von den heiligen Märtyrern vorlas, dachte sie immer heimlich bei sich, das waren wohl rechte Toren, und hielt sich für weit klüger als ihr alter Vater, der alle die Wunder glaubte. Oft, wenn ihr Vater weg war, blätterte sie in den Büchern und malte den Heiligen, die darin abgebildet waren, große Schnurrbärte.

Sie war sehr schön und klüger als alle die andern Kinder in ihrem Alter, weswegen sie sich auch immer mit ihnen zu spielen schämte, und wer mit ihr sprach, glaubte eine

erwachsene Person reden zu hören, so gescheit und künstlich waren die Worte gesetzt. Dabei ging sie bei Tag und Nacht ganz allein im Walde umher, ohne sich zu fürchten, und lachte immer den alten Burgvogt aus, der ihr schauerliche Geschichten vom Wassermann erzählte. Gar oft stand sie dann an dem blauen Flusse im Walde und rief mit lachendem Munde: Wassermann soll mein Bräutigam sein! Wassermann soll mein Bräutigam sein!
Als nun der Vater zum Sterben kam, rief er die Tochter zu seinem Bette und übergab ihr einen großen Ring, der war sehr schwer von reinem Golde gearbeitet. Er sagte dabei zu ihr: Dieser Ring ist vor uralten Zeiten von einer kunstreichen Hand verfertigt. Einer deiner Vorfahren hat ihn in Palästina, mitten im Getümmel der Schlacht, erfochten. Dort lag er unter Blut und Staub auf dem Boden, aber er blieb unbefleckt und glänzte so hell und durchdringlich, daß sich alle Rosse davor bäumten und keines ihn mit seinem Hufe zertreten wollte. Alle deine Mütter haben den Ring getragen und Gott hat ihren frommen Ehestand gesegnet. Nimm du ihn auch hin und betrachte ihn alle Morgen mit rechten Sinnen, so wird sein Glanz dein Herz erquikken und stärken. Wenden sich aber deine

Gedanken und Neigungen zum Bösen, so verlöscht sein Glanz mit der Klarheit deiner Seele und wird dir gar trübe erscheinen. Bewahre ihn treu an deinem Finger, bis du einen tugendhaften Mann gefunden. Denn welcher Mann ihn einmal an seiner Hand trägt, der kann nicht mehr von dir lassen und wird dein Bräutigam. – Bei diesen Worten verschied der alte Ritter.

Ida blieb nun allein zurück. Ihr war längst angst und bange auf dem alten Schlosse gewesen, und da sie jetzt ungeheure Schätze in den Kellern ihres Vaters vorfand, so veränderte sie sogleich ihre Lebensweise. Die dunkeln Bogen, Tore und Höfe der alten Burg wurden niedergerissen, und ein neues, lichtes Schloß mit blendendweißen Mauern und kleinern, luftigen Türmchen erhob sich bald über den alten Steinen. Ein großer, schöner Garten wurde daneben angelegt, durch den der blaue Fluß vorüberfloß. Da standen tausenderlei hohe, bunte Blumen, Wasserkünste sprangen dazwischen, und zahme Rehe gingen darin spazieren. Der Schloßhof wimmelte von Rossen und reichgeschmückten Edelknaben, die lustige Lieder auf ihr schönes Fräulein sangen. Sie selber war nun schon groß und außerordentlich schön geworden. Von Ost und West kamen daher nun reiche

und junge Freier angezogen, und die Straßen, die zu dem Schlosse führten, blitzten von blanken Reitern, Helmen und Federbüschen. Das gefiel dem Fräulein gar wohl, aber so gern sie auch alle Männer hatte, so mochte sie doch mit keinem einzigen ihren Ring auswechseln; denn jeder Gedanke an die Ehe war ihr lächerlich und verhaßt. Was soll ich, sagte sie zu sich selbst, meine Jugend verkümmern, um in abgeschiedener, langweiliger Einsamkeit eine armselige Hausmutter abzugeben, anstatt daß ich jetzt so frei bin wie der Vogel in der Luft. Dabei kamen ihr alle Männer gar dummlich vor, weil sie entweder zu unbehilflich waren, ihrem müßigen Witze nachzukommen, oder auf andere hohe Dinge stolz taten, an die sie nicht glaubte. Und so betrachtete sie sich in ihrer Verblendung als eine reizende Fee unter verzauberten Bären und Affen, die nach ihrem Winke tanzen und aufwarten mußten. Der Ring wurde indes von Tage zu Tage trüber.
Eines Tages gab sie ein glänzendes Bankett. Unter einem prächtigen Zelte, das im Garten aufgeschlagen war, saßen die jungen Ritter und Frauen um die Tafel, in ihrer Mitte das stolze Fräulein, gleich einer Königin, und ihre witzigen Redensarten überstrahlten den Glanz der Perlen und Edelsteine, womit ihr

Hals und Busen geschmückt war. Recht wie ein wurmstichiger Apfel, so schön und rot betrüglich war sie anzusehen. Der goldene Wein kreiste fröhlich herum, die Ritter schauten kühner, üppig lockende Lieder zogen hin und wieder im Garten durch die sommerlaue Luft. Da fielen Idas Blicke zufällig auf ihren Ring. Der war auf einmal finster geworden, und sein verlöschender Glanz tat nur eben noch einen seltsamen, dunkelglühenden Blick auf sie. Sie stand schnell auf und ging an den Abhang des Gartens. Du einfältiger Stein sollst mich nicht länger mehr stören! sagte sie in ihrem Übermute lachend, zog den Ring vom Finger und warf ihn in den Strom hinunter. Er beschrieb im Fluge einen hellschimmernden Bogen und tauchte sogleich in den tiefsten Abgrund hinab. Darauf kehrte sie wieder in den Garten zurück, aus dem die Töne wollüstig nach ihr zu langen schienen. Am andern Tage saß Ida allein im Garten und sah in den Fluß hinunter. Es war gerade um die Mittagszeit. Alle Gäste waren fortgezogen, die ganze Gegend lag still und schwül. Einzelne seltsam gestaltete Wolken zogen langsam über den dunkelblauen Himmel; manchmal flog ein plötzlicher Wind über die Gegend, und dann war es, als ob die alten Felsen und die alten Bäume sich über den

Fluß unten neigten und miteinander über sie besprächen. Ein Schauder überlief Ida. Da sah sie auf einmal einen schönen, hohen Ritter, der auf einem schneeweißen Rosse die Straße hergeritten kam. Seine Rüstung und sein Helm waren wasserblau, eine wasserblaue Binde flatterte in der Luft, seine Sporen waren von Kristall. Er grüßte sie freundlich, stieg ab und kam zu ihr. Ida schrie laut auf vor Schreck, denn sie erblickte den alten wundertätigen Ring, den sie gestern in den Fluß geworfen hatte, an seinem Finger, und dachte sogleich daran, was ihr ihr Vater auf dem Totenbette prophezeit hatte. Der schöne Ritter zog sogleich eine dreifache Schnur von Perlen hervor und hing sie dem Fräulein um den Hals, dabei küßte er sie auf den Mund, nannte sie seine Braut und versprach, sie heute abend heimzuholen. Ida konnte nichts antworten, denn es kam ihr vor, als läge sie in einem Schlafe, und doch vernahm sie den Ritter, der in gar lieblichen Worten zu ihr sprach, ganz deutlich, und hörte dazwischen auch den Strom, wie über ihr, immerfort verworren dreinrauschen. Darauf sah sie den Ritter sich wieder auf seinen Schimmel schwingen und so schnell in den Wald zurücksprengen, daß der Wind hinter ihm drein pfiff.

Als es gegen Abend kam, stand sie in ihrem Schlosse am Fenster und schaute in das Gebirge hinaus, das schon die graue Dämmerung zu überziehen anfing. Sie sann hin und her, wer der schöne Ritter sein möge, aber sie konnte nichts herausbringen. Eine nie gefühlte Unruhe und Ängstlichkeit überfiel dabei ihre Seele, die immer mehr zunahm, je dunkler draußen die Gegend wurde. Sie nahm die Zither, um sich zu zerstreuen. Es fiel ihr ein altes Lied ein, das sie als Kind oft ihren Vater in der Nacht, wenn sie manchmal erwachte, hatte singen hören. Sie fing an zu singen:

Obschon ist hin der Sonnenschein
Und wir im Finstern müssen sein,
So können wir doch singen
Von Gottes Güt und seiner Macht,
Weil uns kann hindern keine Nacht,
Sein Lobe zu vollbringen.

Die Tränen brachen ihr hierbei aus den Augen, und sie mußte die Zither weglegen. Endlich, da es draußen schon ganz finster geworden, hörte sie auf einmal ein großes Getös von Rosseshufen und fremden Stimmen. Der Schloßhof füllte sich mit Windlichtern, bei deren Schein sie ein wildes Gewimmel von Wagen, Pferden, Rittern und Frauen erblickte. Die Hochzeitsgäste verbreiteten

sich bald in der ganzen Burg, und sie erkannte alle ihre Bekannten, die auch letzthin auf dem Bankett bei ihr gewesen waren. Der schöne Bräutigam, wieder ganz in wasserblaue Seide gekleidet, trat zu ihr und erheiterte gar bald ihr Herz durch seine anmutigen und süßen Reden, Musikanten spielten lustig, Edelknaben schenkten Wein herum, und alles tanzte und schmauste in freudenreichem Schalle.
Während des Festes trat Ida mit ihrem Bräutigam ans offene Fesnter. Die Gegend war unten weit und breit still, wie ein Grab, nur der Fluß rauschte aus dem finstern Grunde herauf. Was sind das für schwarze Vögel, fragte Ida, die da in langen Scharen so langsam über den Himmel ziehn? – Sie ziehen die ganze Nacht fort, sagte der Bräutigam, sie bedeuten deine Hochzeit. – Was sind das für fremde Leute, fragte Ida wieder, die dort unten am Flusse auf den Steinen sitzen und sich nicht rühren? – Das sind meine Diener, sagte der Bräutigam, die auf uns warten. – Unterdes fingen schon lichte Streifen an, sich am Himmel aufzurichten, und aus den Tälern hörte man von fern Hähne krähen. Es wird so kühl, sagte Ida und schloß das Fenster. In meinem Hause ist es noch viel kühler, erwiderte der Bräutigam, und Ida schauderte unwillkürlich zusammen.

Darauf faßte er sie beim Arme und führte sie mitten unter den lustigen Schwarm zum Tanze. Der Morgen rückte indes immer näher, die Kerzen im Saale flackerten nur noch matt und löschten zum Teil gar aus. Während Ida mit ihrem Bräutigam herumwalzte, bemerkte sie mit Grausen, daß er immer blässer ward, je lichter es wurde. Draußen vor den Fenstern sah sie lange Männer mit seltsamen Gesichtern ankommen, die in den Saal hereinschauten. Auch die Gesichter der übrigen Gäste und Bekannten veränderten sich nach und nach, und sie sahen alle aus wie Leichen. Mein Gott, mit wem habe ich so lange Zeit gelebt? rief sie aus. Sie konnte vor Ermattung nicht mehr fort und wollte sich loswinden, aber der Bräutigam hiel sie fest um den Leib und tanzte immerfort, bis sie atemlos auf die Erde hinstürzte.

Frühmorgens, als die Sonne fröhlich über das Gebirge schien, sah man den Schloßgarten auf dem Berge verwüstet, im Schlosse war kein Mensch zu finden, und alle Fenster standen weit offen. Die Reisenden, die bei hellem Mondenscheine oder um die Mittagszeit am Flusse vorübergingen, sahen oft ein junges Mädchen sich mitten im Strome mit halbem Leibe über das Wasser emporheben. Sie war sehr schön, aber totenblaß.

Der Unbekannte

Vom Dorfe schon die Abendglocken klangen,
die müden Vöglein gingen auch zur Ruh,
nur auf den Wiesen noch die Heimchen
sangen,
und von den Bergen rauscht' der Wald dazu;
da kam ein Wandrer duch die Ährenwogen,
aus fernen Landen schien er hergezogen.

Vor seinem Hause, unter blühnden Lauben
lud ihn ein Mann zum fröhlichen Rasten ein,
die junge Frau bracht Wein und Brot und
Trauben,
setzt dann, umspielt vom letzten
Abendschein,
sich neben ihn und blickt halb scheu, halb
lose,
ein lockig Knäblein lächelnd auf dem Schoße.

Ihr dünkt, er wär schon einst im Dorf
gewesen,
und doch so fremd und seltsam war die
Tracht,
in seinen Mienen feur'ge Schrift zu lesen,
gleich Wetterleuchten fern bei stiller Nacht.

Und traf sein Auge sie, wollt ihr fast grauen,
denn 's war, wie in den Himmelsgrund zu
schauen.

Und wie sich kühler nun die Schatten breiten:
Vom Berg Vesuv, der über Trümmern raucht,
vom blauen Meer, wo Schwäne singend
gleiten,
kristallnen Inseln, blühend draus getaucht,
und Glocken, die im Meeresgrunde schlagen,
wußt wunderbar der schöne Gast zu sagen.

Hast viel erfahren, willst du ewig wandern?
Sprach drauf sein Wirt mit herzlichem Ver-
traun.
Hier kannst du froh genießen wie die andern,
am eignen Herd dein kleines Gärtchen baun,
des Nachbars Töchter haben reiche Truhen,
ruh endlich aus, brauchst nicht allein zu
ruhen.

Da stand der Wandrer auf, es blühten Sterne
schon aus dem Dunkel überm stillen Land,
Gesegn' euch Gott! mein Heimatland liegt
ferne. –
Und als er von den beiden sich gewandt,
kam himmlisch Klingen von der
Waldeswiese –
so sternklar war noch keine Nacht wie diese.

Deutsches Adelsleben am Schlusse des achtzehnten Jahrhunderts

Sehr alte Leute wissen sich wohl noch einigermaßen der sogenannten guten alten Zeit zu erinnern. Sie war aber eigentlich weder gut noch alt, sondern nur noch eine Karikatur des alten Guten.
Der Adel zerfiel damals in drei sehr verschiedene Hauptrichtungen. Die zahlreichste, gesündeste und bei weitem ergötzlichste Gruppe bildeten die von den großen Städten abgelegenen kleineren Grundbesitzer in ihrer fast insularischen Abgeschiedenheit, von der man sich heutzutage, wo Chausseen und Eisenbahnen Menschen und Länder zusammengerückt haben und zahllose Journale, wie Schmetterlinge, den Blütenstaub der Zivilisation in alle Welt vertragen, kaum mehr eine deutliche Vorstellung machen kann. Die fernen blauen Berge über den Waldeswipfeln waren damals wirklich noch ein unerreichbarer Gegenstand der Sehnsucht und Neugier; das Leben der großen Welt, von der wohl zuweilen die Zeitungen Nachrichten brachten, erschien wie ein wunderbares Märchen.

Die große Einförmigkeit wurde nur durch häufige Jagden sowie durch die unvermeidlichen Fahrten zum Jahrmarkt der nächsten Landstadt unterbrochen.
Die Glücklichen hausten mit genügsamem Behagen großenteils in ganz unansehnlichen Häusern (unvermeidlich »Schlösser« geheißen), die selbst in der reizendsten Gegend nicht etwa nach ästhetischem Bedürfnis schöner Fernsichten angelegt waren, sondern um aus allen Fenstern Ställe und Scheunen bequem überschauen zu können. Denn ein guter Ökonom war das Ideal der Herren, der Ruf einer »Kernwirtin« der Stolz der Dame. Sie hatten weder Zeit noch Sinn für die Schönheit der Natur, sie waren selbst noch Naturprodukte. Das bißchen Poesie des Lebens war als nutzloser Luxus lediglich den jungen Töchtern überlassen, die denn auch nicht verfehlten, in den wenigen müßigen Stunden längst veraltete Arien und Sonaten auf einem schlechten Klavier zu klimpern und den hinter dem Hause gelegenen Obst- und Gemüsegarten mit auserlesenen Blumenbeeten zu schmücken.
An schönen Sommernachmittagen kam häufig Besuch aus der Nachbarschaft. Nach geräuschvollen Empfangskomplimenten und höflichen Fragen nach dem »werten Befin-

den« ließ man sich dann gewöhnlich in der Gartenlaube nieder. Hier wurde mit hergebrachten Späßen und Neckereien gegen die Damen zu Felde gezogen, wurde viel Kaffee getrunken, sehr viel Tabak verraucht und dabei von den Getreidepreisen, von dem zu verhoffenden Erntewetter, von Prozessen und schweren Abgaben verhandelt, während die ungezogenen kleinen Schloßjunker auf dem Kirschbaum saßen und mit den Kernen nach ihren gelangweilten Schwestern feuerten, die über den Gartenzaun ins Land schauten, ob nicht der Federbusch eines insgeheim erwarteten Reiteroffiziers der nahen Garnison aus dem fernen Grün emportauche. Und dazwischen tönte vom Hofe herüber immerfort der Lärm der Sperlinge, die sich in der Linde tummelten, das Gollern der Truthähne, der einförmige Takt der Drescher und all jene wunderliche Musik des ländlichen Stillebens, die den Landbürtigen in der Fremde, wie das Alphorn den Schweizer, oft unvermutet in Heimweh versenkt. In den Tälern unten aber schlugen die Kornfelder leise Wogen, überall eine fast unheimlich schwüle Gewitterstille, und niemand merkte oder beachtete es, daß das Wetter von Westen bereits aufstieg und einzelne Blitze schon über dem dunklen Waldeskranze prophetisch hin und her zuckten.

Vorbei

Das ist der alte Baum nicht mehr,
der damals hier gestanden,
auf dem ich gesessen im Blütenmeer
über den sonnigen Landen.

Das ist der Wald nicht mehr, der sacht
vom Berge rauschte nieder,
wenn ich vom Liebchen ritt bei Nacht,
das Herz voll neuer Lieder.

Das ist nicht mehr das tiefe Tal
mit den grasenden Rehen,
in das wir nachts viel tausendmal
zusammen hinausgesehen. –

Es ist der Baum noch, Tal und Wald,
die Welt ist jung geblieben,
du aber wurdest seitdem alt,
vorbei ist das schöne Lieben.

Es besteht ein ebenso alter als wunderlicher Streit über den Bildungsberuf der Frauen. Die einen wollen sie nur mit der Spindel und dem rasselnden Schlüsselbund, nur im Wochenbett und in der Kinderstube dulden, während die andern, auch hier dem planierenden Prinzipe unbedingter Freiheit und Gleichheit huldigend, ihnen Tribünen, Katheder, ja Schlachtfelder öffnen und die ganze Flut der Zeitbildung gegen sie loslassen möchten, um den mittelalterlichen Rost, wie sie es nennen, von ihnen abzuwischen. – Wer den weiblichen Teil der Menschheit nicht etwa echt orientalisch als eine besondere Rasse zum Nutzen und Vergnügen des männlichen Publikums betrachtet, der wird natürlicherweise den Frauen auch das Recht und die Pflicht zusprechen müssen, das Ebenbild Gottes, das ihnen der Schöpfer so gut wie uns eingehaucht, nach besten Kräften in sich zu vollenden und zu verherrlichen. Haben doch die Männer keineswegs den Himmel für sich gepachtet, und die Kirche hat ebenso viele heilige Frauen als männliche Heilige aufzuweisen.

– In dem Hauptzweck also, für das Höchste im Leben, fällt allerdings die Bildung der Frauen und der Männer in eins zusammen. Allein in dem Gebrauch jener Bildung für die

Welt sind sie wesentlich verschieden. Durch alle äußere Weltordnung gehen zwei waltende Hauptelemente: die Sitte und das Recht. Die ersten haben die Frauen zu wahren und zu pflegen, und zu diesem Amt hat sie zuerst das Christentum längst genügend emanzipiert; das Recht dagegen haben die Männer auf Erden geltend zu machen. Beide zwar, Recht und Sitte, haben eine gemeinsame religiöse Wurzel, in der eben, wie bereits erwähnt, die Bildung beider Geschlechter ursprünglich zusammentrifft; die Sitte aber in ihrer wesentlich erziehenden Gewalt wird immer vorzüglich nur in der Familie und deren geselligen Beziehungen wirksam sein können, während das Recht, in seiner allgemeinen Bedeutung als Gerechtigkeit und Schirm des Guten, Schönen und Wahren, draußen die Welt und das Leben tatsächlich ordnen will und den Kampf aufnimmt, damit die Familie im Gottesfrieden bleibe. So scheint nun einmal die Vorsehung seit Jahrtausenden den beiden Geschlechtern ihre verschiedene Stellung angewiesen und im Volksgefühl aller Nationen begründet zu haben; denn ein Mannweib ist überall ebenso lächerlich als ein weibischer Mann.

Im Alter

Wie wird nun alles so stille wieder!
So war mir's oft in der Kinderzeit,
die Bäche gehen rauschend nieder
durch die dämmernde Einsamkeit,
kaum noch hört man einen Hirten singen,
aus allen Dörfern, Schluchten, weit
die Abendglocken herüberklingen,
versunken nun mit Lust und Leid
die Täler, die noch einmal blitzen,
nur hinter dem stillen Walde weit
noch Abendröte an den Bergesspitzen,
wie Morgenrot der Ewigkeit.

Nur das Eigentümliche ist wahrhaft lebendig und frei, und nur unter Freien ist eine Vereinigung denkbar.

Das Christentum ist wie das Sonnenlicht über den ganzen Erdkreis aufgegangen.

Der Einsiedler

Komm, Trost der Welt, du stille Nacht!
Wie steigst du von den Bergen sacht,
die Lüfte alle schlafen,
ein Schiffer nur noch, wandermüd,
singt übers Meer sein Abendlied
zu Gottes Lob im Hafen.

Die Jahre wie die Wolken gehn
und lassen mich hier einsam stehn,
die Welt hat mich vergessen,
da tratst du wunderbar zu mir,
wenn ich beim Waldesrauschen hier
gedankenvoll gesessen.

O Trost der Welt, du stille Nacht!
Der Tag hat mich so müd gemacht,
das weite Meer schon dunkelt,
laß ausruhn mich von Lust und Not,
bis daß das ewge Morgenrot
den stillen Wald durchfunkelt.

Es wandelt, was wir schauen,
Tag sinkt ins Abendrot,
die Lust hat eignes Grauen,
und alles hat den Tod.

Ins Leben schleicht das Leiden
sich heimlich wie ein Dieb,
wir alle müssen scheiden
von allem, was uns lieb.

Was gäb es doch auf Erden,
wer hielt den Jammer aus,
wer möcht geboren werden,
hieltst du nicht droben haus!

Du bist's, der, was wir bauen,
mild über uns zerbricht,
daß wir den Himmel schauen –
darum so klag ich nicht.

Gedenk!

Es ist kein Vöglein so gemein,
es spürt geheime Schauer,
wenn draußen streift der Sonnenschein
vergoldend seinen Bauer.

Und du hast es vergessen fast
in deines Kerkers Spangen,
o Menschlein, daß du Flügel hast
und daß du hier gefangen.

In der GOLDENEN GROSSDRUCKREIHE sind erschienen:

Gottfried Berron Josef von Eichendorff	Nr. 92701
Gottfried Berron Theodor Fontane	Nr. 92702
Gottfried Berron Matthias Claudius	Nr. 92703
Gottfried Berron Eduard Mörike	Nr. 92704
Gottfried Berron Die frohe Weihnachtszeit	Nr. 92705
Gottfried Berron Das Wunder der heiligen Nacht	Nr. 92706

Je 48 Seiten mit vielen farbigen Bildern

skv-Edition · 7630 Lahr